I

Deuxième partie

Theresa Marrama

Cover art by Nikola Kostovski

Interior art by Nikola Kostovski

Book cover graphic edit by bookcover_pro

Copyright © 2020 Theresa Marrama

All rights reserved.

No part of this publication may be reproduced, stored in a retrieval system, or transmitted, in any form or by any means (electronic, mechanical, photocopying, recording or otherwise).

ISBN: 978-1-7343161-8-6

DEDICATION

To all of my readers who encouraged me along the way to write this sequel. For all your positive feedback, I am forever grateful! I hope you enjoy the sequel!

TABLE DES MATIÈRES

Chapitre 1 : La carte *1*

Chapitre 2 : La photo *5*

Chapitre 3 : Ne le dis pas aux autres *9*

Chapitre 4 : Un incident bizarre *14*

Chapitre 5 : Une visite chez Luc *17*

Chapitre 6 : Une explication *22*

Chapitre 7 : Un problème chez Papi *27*

Chapitre 8 : Toute la vérité *30*

Chapitre 9 : Luc sait que la carte existe *34*

Chapitre 10 : La raison *38*

Épilogue : *47*

ACKNOWLEDGMENTS

Thank you to Françoise Piron, Cécile Lainé, Richelle Efland, Wendy Pennette and Melynda Atkins for your amazing feedback and time spent editing my story. Anny Ewing, thank you for all the time you dedicated to helping me and for providing such wonderful advice along the way!

It is so wonderful to have colleagues and friends willing to share their time and energy to help others.

Thank you to my brother Scott, who listened as I shared my ideas and thoughts on this story!

A note to readers:

This story is about a real island in Nova Scotia, Canada. There have been stories of buried treasure and unexplained objects found on or near this island for years. And Daniel has found a map that may be connected to the treasure...

Featuring approximately 3,600 total words and 285 unique words, this comprehensible level 2+ novel brings you on a boy's search for the truth about l'île Oak and the map.

Chapitre un
La carte

Daniel regarde la photo et puis il regarde son grand-père d'un air confus.

– Papi, la carte est sur cette photo... C'est la même carte que j'ai trouvée...

– Daniel, tout ce qui se passe est bizarre. Quand j'ai vu la carte que tu as trouvée, **je ne savais pas quoi faire**[1]. C'est incroyable… Vraiment incroyable… Je pensais que la carte avait disparu. Et puis tu l'as trouvée. Allons dans le salon et je peux tout t'expliquer.

Daniel et son grand-père vont dans le salon. Daniel regarde son grand-père d'un air perplexe. Il s'assied sur le sofa. Il ne parle pas. Il est silencieux parce qu'il ne comprend pas. Il est plus perplexe que jamais à cause de la photo. Mais, plus que tout, Daniel veut comprendre comment son grand-père est **impliqué**[2] dans cette histoire de carte.

---

[1] **je ne savais pas quoi faire** - I didn't know what to do
[2] **impliqué** - involved

– Daniel, je sais que tu ne comprends pas, mais tu ne peux pas dire aux autres que tu as trouvé cette carte ! C'est important. Je suis sérieux, dit son grand-père.

Daniel ne regarde pas son grand-père quand il lui parle. Il continue à regarder la photo. Il pense à la carte. Il pense à tout ce qu'il **a appris**[3] au sujet de cette carte et au sujet de l'île Oak.

– Tu comprends, Daniel ? demande son grand-père.

Daniel le regarde et immédiatement, il pense à son ami Luc. Oh, non ! Luc sait que la carte existe ! Luc sait qu'il a trouvé la carte. Luc a vu la carte. Oh non, il ne peut pas dire à son grand-père qu'il a

---

[3] **a appris** - has learned

montré la carte à Luc. Il remarque que son grand-père est sérieux, très sérieux.

– Oui, je comprends, répond Daniel.

Chapitre deux
La photo

Daniel regarde son grand-père. Il ne peut pas lui dire que Luc sait tout au sujet de la carte. Son grand-père va être **déçu**[4]. Mais Daniel doit comprendre comment son grand-père est impliqué dans cette histoire. Il écoute attentivement :

– Daniel, l'histoire de cette photo est compliquée, très compliquée. Je t'ai dit que j'ai cherché le trésor sur l'île Oak avec mes amis. Nous avons recherché toutes les informations possibles pour comprendre la légende de l'île. Après quelques temps, nous avons **découvert**[5] la malédiction de l'île : cinq personnes **étaient mortes**[6] en cherchant le trésor.

---

[4] **déçu** - disappointed
[5] **découvert** - discovered
[6] **étaient mortes** - had died

– Attends ! Cinq personnes ? Tu m'as dit que six personnes étaient mortes. Je ne comprends pas, dit Daniel, très intéressé.

– Oui, je t'ai bien dit que six personnes étaient mortes en cherchant le trésor. Mais regarde la photo, Daniel, explique son grand-père.

Daniel regarde la photo qu'il a dans les mains encore une fois. Il examine la photo. Et puis, son grand-père lui donne un vieux journal. Daniel le prend et il voit le gros titre : *" Un autre mort sur l'île Oak, mais toujours pas de trésor ? »*. Il lit l'article. Quand il a fini de le lire, il regarde son grand-père d'un air perplexe. Il **reconnaît**[7] cet article.

– Papi, pourquoi est-ce que tu me montres encore une fois cet article ? J'ai

---

[7] **reconnaît** - recognizes

déjà lu cet article l'autre jour. Je ne comprends pas, dit Daniel.

– Regarde la photo, Daniel, et compare-la à **celle**[8] de l'article sur l'homme qui est mort, explique son grand-père d'un ton sérieux.

Daniel regarde encore une fois les deux photos. Il regarde son grand-père

___

[8] **celle** - the one

avec de grands yeux. Il ne dit rien. Il comprend. Il comprend tout.

À ce moment-là, Daniel pense à deux choses :

1. La malédiction de l'île Oak est une réalité.
2. Luc aussi sait que la carte existe.

Chapitre trois
Ne le dis pas aux autres !

Daniel continue à regarder les deux photos.

– Papi, je suis perplexe. Si je comprends bien, cet homme qui est mort sur l'article du journal était ton ami ? C'est l'un des hommes sur la photo avec toi ? Il est mort pendant que vous cherchiez le trésor ?

– Oui, Daniel. Je comprends que tu **sois**[9] perplexe, mais l'histoire de la carte est compliquée. Il y a beaucoup de choses à expliquer, mais je n'ai pas le temps maintenant de tout t'expliquer.

Daniel ne veut pas faire autre chose. Il ne veut pas passer du temps chez lui. Son grand-père a toutes les informations

---

[9] **sois** - are

dont il a besoin pour comprendre la malédiction de l'île Oak.

À ce moment-là, son portable vibre dans sa poche. Daniel le regarde. Il y a un texto :

> *Je pense que j'ai des infos sur la carte !*

Daniel est anxieux. Il ne veut plus discuter de la carte avec Luc. Son grand-père était très sérieux quand il a dit :

« *Ne le dis pas aux autres !* »

L'idée d'une malédiction et d'une vieille carte est très fascinante. Et maintenant, cette histoire est plus intéressante que jamais. Il pense à son grand-père et aux photos. Il pense à comment la carte a changé la vie de son grand-père. Il pense à comment la carte qu'il a trouvée a déjà changé sa vie.

Daniel regarde le texto de Luc encore une fois. Il décide de ne pas répondre. Il met son portable dans sa poche.

Finalement, Daniel se lève. Il donne la photo et le journal à son grand-père et il lui dit :

– OK. Papi, je vais revenir te voir plus tard et on **pourra**[10] continuer notre conversation.

– Oui, mais Daniel, où est la carte ?

Daniel regarde son grand-père. Daniel regarde autour de lui. Il semble un peu anxieux.

– Ah oui, j'ai la carte dans mon sac à dos.

– Daniel, donne-moi la carte, s'il te plaît. Je veux la **garder**[11]. Je peux la garder dans mon **coffre-fort**[12] au **sous-sol**[13]. Je dois sortir dans quelques minutes, mais nous pouvons continuer cette conversation plus tard, répond son grand-père.

---

[10] **pourra** - will be able to
[11] **garder** - to keep
[12] **coffre-fort** - safe
[13] **sous-sol** - basement

Daniel prend son sac à dos et il l'ouvre. Il prend la carte et la donne à son grand-père. Daniel ne dit rien. Il marche en silence jusqu'à la porte. Il se retourne et regarde son grand-père qui a la carte dans les mains et il pense : " *Qu'est-ce que je vais faire au sujet de Luc ?* »

Chapitre quatre
Un incident bizarre

Daniel marche en direction de sa maison. Il réfléchit à beaucoup de choses. Il essaie de tout comprendre mais il a encore beaucoup de questions.

Il entend un bruit derrière lui, et soudain quelque chose le frappe et il tombe par terre. Daniel pense : « *Qu'est-ce qui se passe ?* »

Quand il ouvre les yeux, il ne voit personne. Il se lève lentement. Après quelques secondes, il voit une silhouette au loin, il voit une personne qui court. Il ne sait pas si c'est un homme ou un garçon.

Il cherche son sac à dos. Il se retourne et regarde par terre mais il ne le voit pas. Il regarde autour de lui et se dit : « *Qui voulait prendre mon sac à dos et pourquoi ?* »

Il court jusqu'à sa maison plus vite que jamais. Son père n'est pas là. Sa mère n'est pas là. Daniel est toujours un peu **chamboulé**[14] après l'incident dans la rue. Il ne comprend pas. Il ne comprend pas pourquoi quelqu'un voudrait prendre son sac à dos.

Soudain, il comprend. : « *LA CARTE ! La carte était dans mon sac à dos !* »

---

[14] **chamboulé -** shaken up

Daniel est perplexe. La seule personne qui sait qu'il a la carte est Luc. " *Est-ce que Luc a pris mon sac à dos ?* »

Daniel ne comprend pas grand-chose, mais à ce moment-là, il comprend une chose importante : il doit parler à Luc !

Chapitre cinq
Une visite chez Luc

Quand Daniel arrive chez lui, il cherche son portable pour écrire un texto à Luc. Avec toutes ces émotions, il a oublié que son portable était aussi dans son sac à dos.

Daniel n'a pas le choix. Il doit aller chez Luc pour lui parler. Il doit y aller maintenant.

Après quelques minutes, Daniel arrive chez Luc. Il monte l'escalier de sa maison. Il frappe à la porte. Il attend un moment et finalement, la porte s'ouvre. C'est un homme âgé, qui ouvre la porte. Pendant un moment, Daniel pense : *« Est-ce que je reconnais cet homme ? Et si oui, d'où est-ce que je le connais ? »*

L'homme regarde Daniel et lui dit :

– Qui es-tu ? Qu'est-ce que tu veux ?

– Est-ce que Luc est là ? demande Daniel.

L'homme regarde Daniel d'un air suspect. À ce moment-là, Luc arrive.

– Oh, Daniel ! Tu es là ! J'ai essayé de te contacter par texto, mais tu n'as pas répondu, dit Luc.

– Non, désolé, répond Daniel.

Les deux garçons vont dans la chambre de Luc pour parler. L'homme qui a ouvert la porte continue à regarder les deux garçons. Il écoute leur conversation attentivement.

– Oui, j'ai essayé de te contacter parce que j'ai fait plus de recherches sur Internet. Je pense que c'est la vraie carte, Daniel ! La carte au trésor de l'île Oak.

Daniel ne sait pas quoi dire. Il ne sait pas comment persuader Luc que la carte n'est pas importante. Il veut persuader Luc d'oublier la carte.

– Luc, désolé, mais malheureusement, la carte n'est pas authentique. C'était juste une vieille carte. J'ai demandé à mon grand-père de me parler de la carte. Il m'a dit que la carte ne pouvait pas être une vraie carte au trésor, explique Daniel.

Luc ne répond pas. Il semble distrait, très distrait. À ce moment-là, il y a un cri :

– Luc, on doit y aller maintenant !

– Daniel, je dois partir. Je croyais que c'était une vraie carte. **Quel dommage !**[15] dit Luc.

– LUC, allons-y ! crie l'homme encore une fois.

Daniel regarde Luc. Il semble différent. Daniel ne comprend pas

---

[15] **Quel dommage !** - What a shame !

pourquoi, mais Luc semble un peu anxieux.

Chapitre six
Une explication

Plus tard, après le dîner, Daniel retourne chez son grand-père. Il doit parler à son grand-père. Il doit en savoir plus sur la carte et comprendre la connexion entre son grand-père et l'île.

– Papi, tu as cherché le trésor avec les hommes de la photo ? demande Daniel.

Tous les deux sont à la table de la cuisine.

– Daniel, j'étais jeune, mais oui, j'ai cherché le trésor sur l'île Oak avec mes amis. Un jour, mon ami Pascal a trouvé une carte dans un vieux coffre, dans son garage. Nous avons étudié cette carte jour après jour pendant plusieurs années. Nous avons recherché toutes les informations possibles pour comprendre la légende de l'île. Finalement, nous avons décidé de chercher le trésor. Pendant cinq ans, Guy, Pascal et moi avons continué à chercher le trésor.

Son grand-père arrête de parler un moment. Daniel remarque qu'il semble triste. C'est évident que cette conversation est très difficile pour lui. Son grand-père le regarde et lui dit d'une voix très sérieuse :

– Ça fait longtemps que je n'ai pas parlé de la légende et de la malédiction. En réalité, ça fait longtemps que je n'ai pas parlé de mes meilleurs amis. C'est triste. **Mes meilleurs amis me manquent.**[16] Je me sens souvent seul. Mon ami Guy est mort sur l'île pendant que nous **cherchions**[17] le trésor. Il est tombé dans un trou. C'était un horrible accident.

---

[16] **Mes meilleurs amis me manquent -** I miss my best friends
[17] **cherchions -** were looking for

Après ça, ma vie a changé pour toujours. La vie de Pascal aussi a changé. Nous avons perdu un bon ami. Nous avons compris que la malédiction n'était pas juste une rumeur, mais que c'était une vraie légende. Je ne pouvais pas continuer à chercher le trésor. Pascal ne pouvait pas continuer à chercher le trésor non plus. Il a remis la carte dans le coffre, dans son garage, où il l'avait trouvée initialement. Ce jour-là, nous avons **promis**[18] de ne jamais parler de la légende ou de la malédiction de l'île.

Daniel écoute attentivement. Il n'en croit pas ses oreilles. Son grand-père continue :

– Daniel, il est important que tu comprennes qu'il y a une malédiction sérieuse sur l'île. Beaucoup de personnes veulent trouver la carte pour trouver le

---

[18] **promis** - promised

trésor qui est enterré sur l'île. **Selon**[19] les rumeurs, c'est un trésor très important. Mais le trésor n'est pas plus important qu'une vie. La malédiction est vraie, chaque fois qu'une personne a cherché le trésor sur l'île, il y a eu un mort. C'est comme si quelqu'un ne voulait pas qu'on trouve ce qui est enterré sur l'île. À cause de ça, avoir cette carte est dangereux. Très dangereux. On **ferait n'importe quoi**[20] pour avoir cette carte. C'est la raison pour laquelle personne ne doit savoir que tu l'as trouvée.

– Oui, je comprends maintenant, Papi. Je comprends, répond Daniel.

Daniel et son grand-père continuent à discuter de l'île et de la carte et de la chasse au trésor. Mais Daniel est préoccupé[21] : il **ne pense qu'à Luc.**[22]

---

[19] **selon -** according to
[20] **ferait n'importe quoi -** would do anything
[21] **préoccupé -** worried
[22] **ne pense qu'à Luc -** only thinks about Luc

Plus tard, Daniel retourne chez lui. Il va dans sa chambre et il réfléchit beaucoup. Il **n'aurait jamais cru**[23] que son été **serait**[24] comme ça. Finalement, il va au lit.

---

[23] **n'aurait jamais cru**- never would have believe
[24] **serait** - would be

Chapitre sept
Un problème chez Papi

Le lendemain, Daniel va chez son grand-père. Quand il monte l'escalier de sa maison, il regarde la porte. Il voit quelque chose de bizarre. La porte n'est pas tout à fait fermée. Il entre lentement dans la maison de son grand-père.

– Papi ! Papi ! appelle Daniel.

Il n'y a pas de réponse. Juste un grand silence.

– Papi, tu es là ? demande Daniel.

Daniel attend un moment, puis encore un autre, mais il n'y a toujours pas de réponse. Après quelques minutes, il entend quelque chose. Il entend un bruit. Le bruit vient du sous-sol. Immédiatement, Daniel comprend. Il comprend tout ! LA CARTE ! La carte est dans le coffre-fort, au sous-sol.

Il court à la porte du sous-sol. Il n'a pas besoin de l'ouvrir parce que la porte est déjà ouverte. Il descend rapidement l'escalier. Il regarde autour de lui. Il n'y a personne. Il pense : *" Bizarre ! Je suis sûr que j'ai entendu quelque chose. »*

C'est évident que son grand-père n'est pas à la maison. Daniel est anxieux. Il est inquiet[25] et il pense : *" Est-ce que Papi va bien ? Est-il en danger ? »*

Il commence à monter l'escalier quand soudain, quelque chose **attire**[26] son attention. Il n'en croit pas ses yeux. Il voit un sac à dos par terre sous une fenêtre du sous-sol. Pas juste un sac à dos. SON sac à dos. La fenêtre est OUVERTE ! NON ! La fenêtre n'est pas

---

[25] **inquiet-** worried
[26] **attire -** attracts

ouverte, la fenêtre est cassée. Maintenant, Daniel comprend pourquoi il a entendu un bruit. *" Quelqu'un était au sous-sol ! Probablement la personne qui a volé mon sac à dos. »*

Chapitre huit
Toute la vérité

– Daniel, tu es là ?

Daniel monte rapidement l'escalier. Il voit son grand-père, qui semble perplexe.

— Je ne comprends pas, Daniel. Pourquoi tu es au sous-sol ? Qu'est-ce que tu fais ? demande son grand-père d'un ton sérieux.

Daniel regarde son grand-père. Il s'assied à la table. Il commence à tout expliquer :

— Papi, quand j'ai quitté ta maison hier, je marchais quand soudain quelqu'un m'a frappé. Je suis tombé par terre. Je n'ai pas vu qui m'a frappé. À ce moment-là, j'ai vu que mon sac à dos avait disparu.

Son grand-père le regarde d'un air sérieux et demande :

— Daniel ! Es-tu sûr que tu n'as pas vu la personne ?

Avant qu'il **puisse**[27] répondre à la question, le grand-père de Daniel le regarde d'un air sérieux et lui dit :

– Ça n'a pas d'importance, Daniel. C'est juste un sac à dos. Comment est-ce que **tu te sens ?**[28] Ça va ?

– Oui, ça va bien, Papi, mais quand je suis arrivé chez toi aujourd'hui, la porte était ouverte. Quand je suis entré dans la maison, j'ai entendu un bruit qui venait du sous-sol. Je suis allé au sous-sol. Personne n'était là, mais mon sac à dos était par terre et la fenêtre était cassée.

– C'est bizarre ! Je ne comprends pas. Qui voulait entrer dans ma maison ? répond son grand-père.

Daniel ne peut plus garder son secret une minute de plus.

---

[27] **puisse** - can
[28] **tu te sens-** are you feeling

– Papi, il y a autre chose…

Daniel est silencieux pendant un moment. Son grand-père voit qu'il est anxieux.

– Daniel, qu'est-ce qu'il y a ?

– Papi… Une autre personne sait que la carte existe.

– Hein ? Je ne comprends pas ? Qui ?

Chapitre neuf
Luc sait que la carte existe

Daniel remarque que son grand-père est inquiet. Il ne répond pas immédiatement. Il regarde Daniel et lui demande :

– Daniel, qui sait que la carte existe ?

– Mon ami Luc sait que j'ai trouvé la carte.

– Est-ce qu'il a vu la carte ?

– Oui, il a vu la carte.

– Daniel, je t'ai dit que c'était important que tu ne parles pas aux autres de la carte. Pourquoi tu ne m'as pas écouté ?

– Papi, Luc a vu la carte avant que je **t'aie parlé**.[29] Désolé, Papi.

– Oh, Daniel, il est dangereux que quelqu'un d'autre **sache**[30] que la carte existe. On doit parler à Luc. C'est important.

Daniel ne répond pas. Il pense à toutes les possibilités : « *Est-il possible que Luc **soit**[31] la personne qui m'a frappé ? Est-il possible que Luc **ait volé**[32] mon sac à dos ?* »

– Oui, Papi. Je comprends.

Daniel sait qu'il doit contacter Luc. À ce moment-là, il va au sous-sol pour prendre son sac à dos. Il remonte l'escalier et ouvre son sac à dos. Il voit son portable. Son portable est encore là.

---

[29] **t'aie parlé** - talked to you
[30] **sache** - knows
[31] **soit** - is
[32] **ait volé** - stole

Il pense : « *Pourquoi est-ce que quelqu'un a volé mon sac à dos mais n'a rien pris et l'a mis chez mon grand-père ?* » Il prend son portable et il écrit un texto à Luc.

> *Luc, je veux parler de la carte... Tu es chez toi ?*

Daniel regarde son portable pendant qu'il pense à tout ce qui s'est passé. Immédiatement, il y a un texto de Luc.

> ***Super, je suis chez moi. Je veux regarder la carte encore une fois, apporte-la !***

Daniel est plus curieux que jamais. Il ne sait pas pourquoi Luc volerait son sac à dos et pourquoi il voudrait le mettre en danger.

– Ok, Papi, Luc est chez lui. Tu veux y aller ? demande Daniel.

– Oui, allons-y, répond son grand-père.

Chapitre dix

La raison

Après quelques temps, Daniel et son grand-père arrivent chez Luc. Ils montent l'escalier de sa maison. Daniel frappe à la porte. Ils attendent pendant un moment et finalement la porte s'ouvre. C'est l'homme, l'homme âgé.

Il regarde Daniel et son grand-père. Il continue à regarder son grand-père d'un air très sérieux. Il regarde son grand-père comme s'il avait vu un fantôme.

– Paul ? C'est toi ? demande l'homme d'une voix anxieuse.

Daniel regarde l'homme. Il regarde son grand-père. Il remarque que son grand-père est surpris et préoccupé.

– Papi, est-ce que tu connais cet homme ? demande Daniel très perplexe.

– Oui, Daniel. Je le connais. C'est l'autre homme qui était sur la photo avec Guy et moi.

À ce moment-là, Luc arrive. Il ne voit pas que Daniel et son grand-père sont là et il dit :

– Daniel va apporter la carte. Ça va être **l'occasion de la reprendre**.[33]

---

[33] **l'occasion de la reprendre** - the opportunity to take it back

Luc regarde devant lui et remarque Daniel et son grand-père près de la porte. Son visage blanchit quand il les voit.

– Pascal ? Tu habites là ? Qu'est-ce qui se passe ? demande le grand-père de Daniel.

– Oui, j'habite là et je veux ma carte, Paul. Je sais que tu as ma carte.

– Ta carte ? Pourquoi est-ce que tu penses que c'est ta carte ? demande le grand-père de Daniel.

– Paul, tu sais que c'est moi qui ai trouvé la carte initialement.

– **Pépère**[34], assieds-toi, s'il te plaît. Tu es fatigué, dit Luc.

Daniel regarde Luc. À ce moment, il comprend. Cet homme est son grand-père.

---

[34] **Pépère** - Grandpa

Luc aide l'homme à s'asseoir sur le sofa dans le salon. Daniel entre dans la maison et son grand-père entre derrière lui. Daniel ne perd pas un instant pour parler de ce qui le préoccupe.

– Luc, c'est toi ! C'est toi qui m'as frappé et qui a volé mon sac à dos l'autre jour.

Luc regarde Daniel avec de grands yeux. Luc regarde aussi l'homme sur le sofa. Tous deux échangent un regard fixe. Finalement, l'homme âgé dit :

– Luc n'est pas responsable de cette situation. C'est moi qui suis responsable. C'est moi qui ai demandé à Luc de m'aider à reprendre la carte.

À ce moment-là, le grand-père de Daniel dit :

– Mais Pascal, pourquoi ? Je ne comprends pas. Après la mort de Guy, nous avons promis de ne jamais parler de la carte ou du trésor de l'île Oak. Pourquoi est-ce que tu as fait ça ?

Luc se lève immédiatement. Il commence à pleurer un peu et explique :

– Daniel, je suis désolé. Je ne voulais pas te blesser. Je ne voulais pas être un mauvais ami, mais mon grand-père... Il est... Il est malade...

Son grand-père interrompt la conversation et explique :

– Oui. C'est vrai. Luc ne voulait pas être impliqué dans cette histoire. La vérité est que je suis malade. J'ai le cancer. Je n'ai pas assez d'argent pour payer mes **dettes**[35] pour cette maison. Je n'avais pas le choix. Quand Luc m'a expliqué que son ami avait trouvé une

---

[35] **dettes** - debts

vieille carte, j'ai immédiatement **su**[36] que c'était la carte de l'île Oak. J'ai pensé que si nous avions la carte, nous **serions plus proche**[37] du trésor et peut-être de l'argent pour payer mes dettes pour cette maison.

Paul, le grand-père de Daniel, regarde Pascal avec des yeux tristes. Il ne répond pas immédiatement. Daniel voit qu'il réfléchit. Il réfléchit sérieusement.

– Oh, Pascal. Je suis désolé. Je **ne savais pas**[38] que tu étais malade. Tu **aurais dû**[39] me contacter pour que je puisse t'aider. Tu es plus important qu'une carte !

Dans le salon, Daniel et Luc écoutent pendant que Pascal et Paul parlent de leurs souvenirs de l'île Oak et de quand

---

[36] **su** - knew
[37] **serions plus proche** - would be closer
[38] **ne savais pas** - didn't know
[39] **aurais dû** - should have

ils ont cherché le trésor. Daniel et Luc sont fascinés par toutes les histoires.

Daniel regarde son grand-père et Pascal. Quand il parle avec Pascal, son Papi est animé et énergique. Les deux hommes discutent avec enthousiasme de leurs anciennes aventures. À un certain moment, Daniel et Luc remarquent que leurs grands-pères les ont complètement oubliés ! C'est comme si les deux garçons n'étaient pas dans la même **pièce**[40] !

Daniel n'arrive pas à croire qu'il a trouvé une vieille carte de l'île Oak, mais, il n'arrive pas à croire non plus qu'il a aidé son grand-père à retrouver **un ami qu'il avait perdu de vue**.[41]

Daniel regarde son grand-père et Pascal, et leur dit :

« Je comprends qu'il y a une malédiction de l'île. Mais, est-ce qu'il est possible que la carte **porte chance**[42] aussi ? La carte vous a mis en contact encore une fois. »

Son grand-père et Pascal regardent Daniel d'un air perplexe.

– Comment ça va ? demande Papi.

---

[40] **pièce** - room
[41] **un ami qu'il avait perdu de vue** - a long-lost friend
[42] **porte chance** - brings luck

– La carte vous a remis en contact après 50 ans !

Les deux grands-pères se regardent et répondent en même temps :

– Oui, c'est possible ! C'est bien possible !

Épilogue

– Daniel, quelle était la meilleure partie de ton été au Canada ? demande son père.

Daniel est dans la voiture avec ses parents. Ils retournent à New York. Daniel regarde par la fenêtre de la voiture.

– L'été était plein d'aventures et de découvertes. J'ai eu un été incroyable, un été que je ne pourrai jamais oublier. Mais, ma partie préférée… ? Je ne sais pas. La découverte de la carte ? Les investigations avec Luc ? Les conversations avec Papi ? La découverte que le grand-père de Luc était un des meilleurs amis de Papi ? et que Papi avait cherché le trésor sur l'île Oak avec Pascal et leur ami Guy ? Je ne sais pas !

– C'est vrai, tu as eu plein d'aventures cet été ! Et tu as formé des amitiés importantes. Qu'est-ce que tu vas faire quand tu renteras à New York ? demande sa mère.

Daniel est silencieux pendant un moment. Il pense. Il pense à tout ce qui s'est passé cet été. Il pense à son Papi et comment la carte l'a réuni avec son ancien ami, mais aussi avec lui, avec Daniel.

Il regarde sa mère et lui répond :

– Je vais écrire une lettre à Papi.

GLOSSAIRE

A
a – has
a l'air de - looks, seems
à - to, at
à cause de - because of
absolument - absolutely
accident - accident
ai - have
aide - (he) helps
aidé - helped
aider - to help
air - look
allé - went
aller - to go
allons - (we) go
ami(s) - friend(s)
amitié - friendship
animé - animated
années - years
ans - years
appelle - (he) calls
apporte-la - bring it
apporter - to bring
appris - brought
après - after
argent - money
arrête - (he) stops
arrive - (he) arrives
arrivé - arrived
arrivent - (they) arrive
article - article
as - (you) have
assez - enough
attend - (he) waits

attendent - (they) wait
attends - wait
attention - attention
attentivement - attentively
attire - attracts
au - in the, to the
aujourd'hui - today
au sujet de - about
aussi - also
autour - around
autre(s) - another, other(s)
aux - to the, about the
avais - (I) had
avait - had
avant - before
avec - with
avions - (we) had
avoir - to have
avons - (we) have

B

beaucoup - a lot
besoin - need
bien - well
bizarre - strange
blanchit - (he) turns white
blesser - to hurt
bon - good
bruit - noise

C

ça - this, that, it
ça fait longtemps - it's been a while
cancer - cancer
carte - map
cassée - broke
ce - this

celle - the one
ces - these
c'est - it is
cet - this
cette - this
chambre - bedroom
chance - luck
changé - changed
chasse - hunt
cher - dear
cherchant - looking
cherche - looks for
cherché - looked for
chercher - to look for
cherchiez - (you) were looking for
cherchions - (we) were looking for

chez - home, at house of
choix - choice
chose(s) - thing(s)
cinq - five
coffre - chest
comme - like, as
commence - (he) starts
commencer - to start
comment - how
compare - compare
compliquée - complicated
comprend - understands
comprendre - to understand
comprends - understand
comprennes - understand

connais - know
connexion - connection
contact - contact
contacté - contacted
contacter - to contact
continue - continues
continué - continued
continuent - continue
continuer - to continue
convaincre - to convince
conversation - conversation
court - runs
cri - yell
crie - yells
croire - to believe
croit - believes
croyais - believed
cuisine - kitchen
curieux - curious

D

danger - danger
dangereux - dangerous
dans - in
de - of, from
demande - asks
demandé - asked
derrière - behind
des - some; about the; of the
descend - goes down
deux - two
différent - different
difficile - difficult
dire - to tell, to say

direction - direction
dis - tell
discuter - to discuss
disparu - disappeared
distrait - distracted
dit - says
docteur - doctor
dois - have to
doit - has to
donne - gives
dont - of which
du - some; of the; from the
décidé - decided
découvert - discovery
déjà - already
désolé - sorry
détruit - destroyed

E

échangent - exchange
écoute - listens
écouté - listened
écrire - to write
écrit - writes
émotions - emotions
en - in; of it; while
encore - still
encore une fois - again
entend - hears
entendu - heard
enterré - buried
entre - enters
entré - entered
entre - between
entrer - to enter
es - are
escalier - stairs
essaie - tries
essayé - tried

est - is
et - and
étais - was; were
était - was
été - summer
être - to be
étudié - studied
évident - obvious
examine - examines
existe - exists
explication - explanation
explique - explains
expliqué - explained
expliquer - to explain

F

faire - to do
fais - are doing
fait - did
(ça) fait - it's been
fantôme - ghost
fascinante - fascinating
fasciné(s) - fascinated
fatigué - tired
fenêtre - window
fermée - closed
finalement - finally
fini - finished
fixe - fixed
fort - strong
frappe - hits
frappé - hit

G

garçon(s) - boy(s)
garage - garage
garder - to keep
grand(s) - big

gros titre -
   headline

H
habite - live
habites - live
hein - huh
hier - yesterday
histoire - story
histoires - stories
homme - man
hommes - men
horrible - horrible

I
idée - idea
il - he; it
ils - they
immédiatement -
   immediately
impliqué -
   involved
importance -
   importance
important(e) -
   important
incident - incident
incroyable -
   incredible
informations -
   information
initialement -
   initially
inquiet - worried
instant - instant
internet - internet
interrompt -
   interrupts
intéressante -
   interesting
intéressé -
   interested

J
j' - I
jamais - never

je - I
jeune - young
jour - day
journal - newspaper
jusqu'à - until
juste - just

L

l' - the, it
la - the; it
laquelle - which
le - the, it
légende - legend
lendemain - next day
lentement - slowly
les - the, them
leur(s) - their
lire - to read
lit - bed
lit - reads
loin - distance
longtemps - longtime
lu - read
lui - to him, him

M

m' - me, to me
ma - my
mains - hands
maintenant - now
mais - but
maison - house
malade - sick
malédiction - curse
malheureusement - unfortunately
manquent - are missing
marchais - was walking
marche - walks
mauvais - bad
me - me, to me

meilleure - best
meilleur(s) - best
mes - my
met - put
mettre - to put
minute(s) - minute(s)
mis - put
moi - me
moment - moment
mon - my
monte - goes up
montent - go up
monter - to go up
montré - showed
montres - show
mort - died, death
mortes - died

N
ne... jamais - never
n'...pas - does not, not
ne...pas - does not
ne...plus - no longer
ne...rien - nothing
nerveusement - nervously
nerveux - nervous
non - no
nous - we

O
occasion - opportunity
on - we
ont - (they) have
oreilles - ears
ou - or
où - where
oublier - to forget
oublié - forgot
oui - yes
ouvert(e) - open
ouvre - (he) opens
ouvrir - to open

P

papi - grandpa
par terre - on the floor
parce que - because
parle - talks
parlé - talked
parlent - talk
parler - to talk
parles - talk
partir - to leave
pas - not
(se) passe - is happening
passé - happened
passer du temps - to spend time
payer - to pay
pendant - during, for
pense - thinks; think
pensé - thought
penses - thought
perd - loses
perdu - lost
perplexe - confused
personne - no one; person
personnes - people
petit - small
peu - little bit
peut - can
peux - can,
photo(s) - picture(s)
pleurer - to cry
plus - more
plus que jamais - more than ever
plusieurs - many
poche - pocket
portable - cell phone

porte - door
porte - brings ; carries
possibilités - possibilities
possible(s) - possible
pour - for
pourquoi - why
pouvais - could
pouvait - could
pouvons - can
prend - takes
prendre - to take
près - near
pris - took
probablement - probably
problème - problem
promis - promised
préoccupe - worries
préoccupé(e) - worried
puis - then

Q

quand - when
que - that; than
quel - what, which
quelqu'un - someone
quelque(s) - some
question(s) - question(s)
qui - who
qu'il - that he
quitté - left
quoi - what
qu'une - that a

R

raison - reason

rapidement - quickly
recherché - researched
recherches - research
reconnais - recognize
reconnaît - recognizes
regard - look
regarde - looks for
(se)regardent - look at eachother
regarder - to look for
remarque - notices
remis - put back
remonte - goes back up
rentreras - will go back

reprendre - to take back
responsable - responsible
retourne - returns
retrouver - to find again
revenir - to come back
rien - nothing
rue - street
rumeur(s) - rumor(s)
réalise - realises
réalisé - realised
réalité - reality
réelle - real
réfléchit - thinks
répond - responds
répondent - respond
répondre - to respond

répondu - responded
réponse - response

S

sa - his
sac à dos - backpack
sais - know
sait - knows
salon - living room
s'asseoir - to sit down
s'assied - sits down
s'assieds - sit down
savoir - to know
secondes - seconds
secret - secret
se lève - stands up
semble - (he) seems
se passe - is happening
se regardent - look at eachother
se retourne - returns
ses - his
seul - alone
seule - only
seulement - only
si - if
silence - silence
silencieux - silent
silhouette - silhouette
s'il te plaît - please
situation - situation
six - six
sofa - sofa
soir - evening
son - his

sont - are
sortir - to go out
soudain - suddenly
sous - under
souvenirs - memories
suis - am
(au) sujet (de) - about
sur - on
surpris - surprised
suspect - suspect
sérieuse - serious
sérieusement - seriously
sérieux - serious

T

t' - you, to you
ta - your
table - table
tard - late
te - you, to you
temps - time
texto - text message
titre - title
toi - you
tombe - falls
tombé - fell
ton - your
toujours - always
tous - all
tout - all, everything
toute - all
toutes - all
très - very
triste(s) - sad
trou - hole
trouver - to find
trouvée - found
trésor - treasure
tu - you

U

un - a, an

V

va - goes
vais - am going
venait - was coming
vérité - truth
veut - wants
veux - want
vibre - vibrates
vie - life
vieille - old
vient - is coming
vieux - old
visage - face
visite(s) - visit(s)
vite - quickly
voir - to see
voit - sees
voiture - car
voix - voice
volé - stole
vont - go
voudrait - would like
voulais - wanted
voulait - wanted
vous - you
vrai - true
vraie - real
vu - saw

Y

y - there
yeux - eyes

ABOUT THE AUTHOR

Theresa Marrama is a French teacher in Northern New York. She has been teaching French to middle and high school students since 2007. She is the author of many language learner novels and has also translated a variety of Spanish comprehensible readers into French. She enjoys teaching with Comprehensible Input and writing comprehensible stories for language learners.

Theresa Marrama's books include:

Une Obsession dangereuse, which can be purchased at
www.fluencymatters.com

Her French books on Amazon include:

Une disparition mystérieuse
L'île au trésor:
Première partie: La malédiction de l'île Oak
La lettre
Léo et Anton
La Maison du 13 rue Verdon
Mystère au Louvre
Perdue dans les catacombes

Her Spanish books on Amazon include:

La ofrenda de Sofía
Una desaparición misteriosa
Luis y Antonio
La carta
La casa en la calle Verdón
La isla del tesoro: Primera parte: La maldición de la isla Oak
Misterio en el museo

Her German books on Amazon include:

Leona und Anna
Geräusche im Wald
Der Brief
Nachts im Museum

Check out Theresa's website for more resources and materials to accompany her books:

www.compelllinglanguagecorner.com